À plus! 1

Dialogkarten

À plus! 1

Dialogkarten

Erarbeitet in der Redaktion Französisch von:
Julia Goltz (Projektleitung), Dr. Bettina Thiers

Umschlaggestaltung: Rosendahl Berlin – Agentur für Markendesign
Layout und technische Umsetzung: graphitecture book & edition

Umschlagfoto: *vorne* shutterstock.com / topseller (*links*); Florencia Belen Marsengo (*rechts*);
hinten shutterstock.com/Santiago Castillo Chanel

www.cornelsen.de

1. Auflage, 1. Druck 2020

Alle Drucke dieser Auflage sind inhaltlich unverändert und können im Unterricht nebeneinander verwendet werden.

© 2020 Cornelsen Verlag GmbH, Berlin

Druck: H. Heenemann, Berlin

ISBN 978-3-06-122315-1

PEFC zertifiziert
Dieses Produkt stammt aus nachhaltig bewirtschafteten Wäldern und kontrollierten Quellen.
www.pefc.de

PEFC
PEFC/04-31-1156

Inhaltsverzeichnis

Didaktische Hinweise **4**

Unité 1
1 Tu t'appelles comment ? 5
2 Bienvenue dans le quartier ! 7

Unité 2
1 Voilà ma famille ! 9
2 Qu'est-ce que tu fais le week-end ? 11

Unité 3
1 Où est mon cahier ? 13
2 Les activités 15

Unité 4
1 Le correspondant / La correspondante 17
2 C'est la rentrée ! 19

Unité 5
1 Un film, ça te dit ? 21
2 La liste des courses 23

Module 6
1 Des vacances de rêve 25

Lösungsvorschläge **27**

Didaktische Hinweise

Mit den Dialogkarten wird das dialogische Sprechen in Partnerarbeit in 11 ausgewählten Situationen trainiert. Die Dialoge sind in Situation, Lexik und Grammatik genau auf die Progression von *À plus!* **1** abgestimmt. Die Karten eignen sich zur Übung, zur Vorbereitung der *À plus!*-Lernaufgabe am Ende der jeweiligen *Unité*, aber auch zur Vorbereitung einer mündlichen Partnerprüfung.

Außerdem dienen sie der Wiederholung. An jeder Stelle des Buches können Sie Ihren Schülerinnen und Schülern die Dialogkarten zu den schon behandelten *Unités* austeilen und sie damit selbstständig wiederholen und üben lassen. Legen Sie dazu die Karten vorne auf den Lehrertisch: Die Schülerinnen und Schüler arbeiten zu zweit und holen sich – nachdem sie einen Dialog geübt haben – neue Karten bei Ihnen ab.

Für jeden Dialog gibt es vier Varianten, die zu einem Ergebnis führen:

☆ Die einfache Variante. Französische Sätze stehen auf der Karte. Die Schülerinnen und Schüler ergänzen die **?** und Bildlücken. Hier sind keine Lösungen vorgegeben.

☆ **mit Lösungen:** Die leichte Dialog-Variante mit den Partnerlösungen zur Selbstkontrolle: So können die Schülerinnen und Schüler sich selbst korrigieren und eigenständig üben und wiederholen.

★ Die anspruchsvollere Variante gibt Handlungsanweisungen auf Deutsch vor. Die Schülerinnen und Schüler übertragen diese ins Französische mit ihren eigenen (in der *Unité* gelernten) Worten und Wendungen.

★ **mit Lösungen:** Die schwierige Variante mit den jeweiligen Partnerlösungen zur Selbstkontrolle.

Die Schülerinnen und Schüler arbeiten zu zweit. Ein Kartenpaar besteht aus einer Karte für Partner A und einer Karte für Partner B. Der Redebeitrag des Partners wird jeweils über „A: …" / „B: …" gekennzeichnet.

Sie setzen die Karten zum ersten Mal im Unterricht ein:

Es bietet sich an, den Aufbau der Karten mit den Schülerinnen und Schülern anhand eines Kartenpaares exemplarisch durchzusprechen oder sogar durchzuspielen und ihnen den Umgang damit zu erklären.

Vor Beginn des Dialoges ist es wichtig, dass die Lernenden eine Phase von ca. zwei bis drei Minuten einhalten, in der sie die Rollenbeschreibung sowie die Wortvorgaben für das zu führende Gespräch aufmerksam durchlesen. Die Partner verständigen sich über eventuelle Fragen untereinander und klären Situation und Rollen zu zweit.

Leistungsstärkere Gruppen/Paare können Sie auffordern, die Vorgaben sprachlich auszugestalten und durch eigene Ideen das Gespräch zu erweitern.

Zur Festigung der vorgegebenen Strukturen tauschen die Lernenden die Rollen nach dem ersten Einsatz untereinander und sprechen den Dialog noch einmal – nun in der anderen Rolle.

TIPP: Laminieren Sie die Dialogkarten. Lassen Sie vorher die Schüler/innen die Karten kolorieren.

Fehlerkorrektur

Bei Präsentationen oder Kontrollen ist es angeraten, dass Sie die Lernenden immer erst nach dem Sprechen des Dialoges korrigieren: Nur wenn die Korrektur im Anschluss an den Dialog erfolgt, wird die Kommunikationssituation gewahrt.

Legen Sie vorher mit den Schülerinnen und Schülern gemeinsam Kriterien fest, nach denen Sie Ihre Bewertung vornehmen. Vorschläge zu solchen Bewertungsrastern finden Sie in den Handreichungen (Kopiervorlagen zu jeder *À plus!*-Lernaufgabe am Ende der *Unités*). Damit können sich Ihre Schüler/innen auch selbst bewerten.

Lösungsvorschlag

Haben die Schülerinnen und Schüler Probleme, den Dialog nach den Vorgaben zu führen, können sie auf die beiliegenden Lösungsvorschläge zurückgreifen. Achten Sie darauf, dass die Lernenden nach der Lektüre des Lösungsvorschlages den Dialog noch zweimal (A–B; B–A) selbstständig – ohne die Lösungen – durchführen.

☆ Unité 1: DIALOGUE 1   A

Tu t'appelles comment ?

Auf dem Schulhof triffst du einen neuen Schüler / eine neue Schülerin (B). Ihr kommt ins Gespräch. Du beginnst.

A : Salut ! Tu t'appelles  ?

B : …

A : Moi, c'  Massimo/Anissa.
Tu  d'où ?

B : …

A : Je  de Paris.

B : …

A : Non, je suis en cinquième A… Mais mon  Karim est en cinquième B. C'est le , là.

B : …

A : À  !

B : …

☆ Unité 1: DIALOGUE 1   mit Lösungen   A

Tu t'appelles comment ?

Auf dem Schulhof triffst du einen neuen Schüler / eine neue Schülerin (B). Ihr kommt ins Gespräch. Du beginnst.

A : Salut ! Tu t'appelles  ?

B : Salut ! Je m'appelle Max/Marie. Et toi ?

A : Moi, c'  Massimo/Anissa.
Tu  d'où ?

B : Je suis de Strasbourg. Et toi ?

A : Je  de Paris.

B : Tu es aussi en cinquième B ?

A : Non, je suis en cinquième A… Mais mon  Karim est en cinquième B. C'est le , là.

B : C'est cool ! Ah, ça sonne !

A : À  !

B : Au revoir !

☆ Unité 1: DIALOGUE 1   B

Tu t'appelles comment ?

Du bist neu in der Schule. Auf dem Schulhof spricht dich ein Mitschüler / eine Mitschülerin (A) an. A beginnt.

A : …

B : Salut ! Je m'  Max/Marie.
Et  ?

A : …

B : Je  de Strasbourg. Et toi ?

A : …

B : Tu es aussi  cinquième B ?

A : …

B : 😎 ! Ah, ça 🔔 !

A : …

B :  revoir !

☆ Unité 1: DIALOGUE 1   mit Lösungen   B

Tu t'appelles comment ?

Du bist neu in der Schule. Auf dem Schulhof spricht dich ein Mitschüler / eine Mitschülerin (A) an. A beginnt.

A : Salut ! Tu t'appelles comment ?

B : Salut ! Je m'  Max/Marie.
Et  ?

A : Moi, c'est Massimo/Anissa.
Tu es d'où ?

B : Je  de Strasbourg. Et toi ?

A : Je suis de Paris.

B : Tu es aussi  cinquième B ?

A : Non, je suis en cinquième A… Mais mon ami Karim est en cinquième B. C'est le garçon, là.

B : 😎 ! Ah, ça 🔔 !

A : À plus !

B :  revoir !

★ Unité 1: DIALOGUE 1   A

Tu t'appelles comment?

Auf dem Schulhof triffst du einen neuen Schüler / eine neue Schülerin (B). Ihr kommt ins Gespräch. Du beginnst.

A: Begrüße B. Frage, wie er/sie heißt.

B: …

A: Sage, dass du Massimo/ Anissa bist. Frage B, woher er/sie kommt.

B: …

A: Sage, dass du aus Paris bist.

B: …

A: Verneine und sage, dass du in der 7A (❗*franz. Klassen*) bist. Sage, dass aber dein Freund Karim in der 7B ist. Sage, dass es der Junge dort ist.

B: …

A: Sage: „Bis später!"

B: …

★ Unité 1: DIALOGUE 1 mit Lösungen   A

Tu t'appelles comment?

Auf dem Schulhof triffst du einen neuen Schüler / eine neue Schülerin (B). Ihr kommt ins Gespräch. Du beginnst.

A: Begrüße B. Frage, wie er/sie heißt.

B: Salut! Je m'appelle Max/ Marie. Et toi?

A: Sage, dass du Massimo/ Anissa bist. Frage B, woher er/sie kommt.

B: Je suis de Strasbourg. Et toi?

A: Sage, dass du aus Paris bist.

B: Tu es aussi en cinquième B?

A: Verneine und sage, dass du in der 7A (❗*franz. Klassen*) bist. Sage, dass aber dein Freund Karim in der 7B ist. Sage, dass es der Junge dort ist.

B: C'est cool! Ah, ça sonne!

A: Sage: „Bis später!"

B: Au revoir!

★ Unité 1: DIALOGUE 1   B

Tu t'appelles comment?

Du bist neu in der Schule. Auf dem Schulhof spricht dich ein Mitschüler / eine Mitschülerin (A) an. A beginnt.

A: …

B: Begrüße A. Sage, dass du Max/Marie heißt. Frage A kurz zurück.

A: …

B: Sage, dass du aus Strasbourg bist. Frage A kurz zurück.

A: …

B: Frage A, ob er/sie auch in der 7B (❗*franz. Klassen*) ist.

A: …

B: Sage, dass es cool ist. Füge hinzu *(enttäuscht)*, dass es klingelt.

A: …

B: Verabschiede dich.

★ Unité 1: DIALOGUE 1 mit Lösungen   B

Tu t'appelles comment?

Du bist neu in der Schule. Auf dem Schulhof spricht dich ein Mitschüler / eine Mitschülerin (A) an. A beginnt.

A: Salut! Tu t'appelles comment?

B: Begrüße A. Sage, dass du Max/Marie heißt. Frage A kurz zurück.

A: Moi, c'est Massimo/Anissa. Tu es d'où?

B: Sage, dass du aus Strasbourg bist. Frage A kurz zurück.

A: Je suis de Paris.

B: Frage A, ob er/sie auch in der 7B (❗*franz. Klassen*) ist.

A: Non, je suis en cinquième A… Mais mon ami Karim est en cinquième B. C'est le garçon, là.

B: Sage, dass es cool ist. Füge hinzu *(enttäuscht)*, dass es klingelt.

A: À plus!

B: Verabschiede dich.

Bienvenue dans le quartier !

In deiner Klasse ist ein neuer Schüler / eine neue Schülerin, der/die gerade in dein Viertel gezogen ist. Auf dem Rückweg von der Schule zur Metrostation erzählst du ihm/ihr, was es dort alles gibt. Du beginnst.

A : Tu habites ?

B : …

A : 😎 ! Tu 🖤 le quartier ?

B : …

A : Il y a un  pour les fans de nature, ? musée et un ? .

B : …

A : Le parc est le musée et ? gare.

B : …

A : À ? !

Bienvenue dans le quartier !

In deiner Klasse ist ein neuer Schüler / eine neue Schülerin, der/die gerade in dein Viertel gezogen ist. Auf dem Rückweg von der Schule zur Metrostation erzählst du ihm/ihr, was es dort alles gibt. Du beginnst.

A : Tu habites ?

B : J'habite rue de Belleville.

A : 😎 ! Tu 🖤 le quartier ?

B : Je ne sais pas. Qu'est-ce qu'il y a dans le quartier ?

A : Il y a un  pour les fans de nature, ? musée et un ? .

B : C'est super ! J'aime la nature. Où est le parc ?

A : Le parc est le musée et la gare.

B : C'est cool. Ah, voilà le métro. À demain !

A : À ? !

Bienvenue dans le quartier !

Du bist neu in dem Viertel. Auf dem Rückweg von der Schule zur Metrostation erklärt dir ein Mitschüler / eine Mitschülerin, was es dort alles gibt. Du stellst Fragen. A beginnt.

A : …

B : J' ? rue de Belleville.

A : …

B : Je ne sais ? . Qu'est-ce qu' ? dans le quartier ?

A : …

B : C'est super ! J' 🖤 la nature. Où est le ? ?

A : …

B : 😎 . Ah, voilà ?  . ? demain !

A : …

Bienvenue dans le quartier !

Du bist neu in dem Viertel. Auf dem Rückweg von der Schule zur Metrostation erklärt dir ein Mitschüler / eine Mitschülerin, was es dort alles gibt. Du stellst Fragen. A beginnt.

A : Tu habites où ?

B : J' ? rue de Belleville.

A : C'est cool ! Tu aimes le quartier ?

B : Je ne sais ? . Qu'est-ce qu' ? dans le quartier ?

A : Il y a un parc pour les fans de nature, un musée et un cinéma.

B : C'est super ! J' 🖤 la nature. Où est le ? ?

A : Le parc est entre le musée et la gare.

B : 😎 . Ah, voilà ?  . ? demain !

A : À demain !

Bienvenue dans le quartier !

In deiner Klasse ist ein neuer Schüler / eine neue Schülerin, der/die gerade in dein Viertel gezogen ist. Auf dem Rückweg von der Schule zur Metrostation erzählst du ihm/ihr, was es dort alles gibt. Du beginnst.

A: Frage B, wo er/sie wohnt.

B: …

A: Sage, dass es cool ist. Frage B, ob er/sie das Viertel mag.

B: …

A: Sage, dass es einen Park für Naturfans, ein Museum und ein Kino gibt.

B: …

A: Sage, dass der Park zwischen dem Museum und dem Bahnhof ist.

B: …

A: Sage: „Bis morgen!"

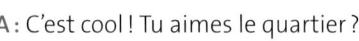

Bienvenue dans le quartier !

In deiner Klasse ist ein neuer Schüler / eine neue Schülerin, der/die gerade in dein Viertel gezogen ist. Auf dem Rückweg von der Schule zur Metrostation erzählst du ihm/ihr, was es dort alles gibt. Du beginnst.

A: Frage B, wo er/sie wohnt.

B: J'habite rue de Belleville.

A: Sage, dass es cool ist. Frage B, ob er/sie das Viertel mag.

B: Je ne sais pas. Qu'est-ce qu'il y a dans le quartier ?

A: Sage, dass es einen Park für Naturfans, ein Museum und ein Kino gibt.

B: C'est super ! J'aime la nature. Où est le parc ?

A: Sage, dass der Park zwischen dem Museum und dem Bahnhof ist.

B: C'est cool. Ah, voilà le métro. À demain !

A: Sage: „Bis morgen!"

Bienvenue dans le quartier !

Du bist neu in dem Viertel. Auf dem Rückweg von der Schule zur Metrostation erklärt dir ein Mitschüler / eine Mitschülerin, was es dort alles gibt. Du stellst Fragen. A beginnt.

A: …

B: Sage, dass du in der rue de Belleville wohnst.

A: …

B: Sage, dass du es nicht weißt. Frage, was es im Viertel gibt.

A: …

B: Sage, dass es super ist und dass du die Natur magst. Frage, wo der Park ist.

A: …

B: Sage, dass es cool ist. Sage, *(überrascht)*, dass da die  ist und sage: „Bis morgen!"

A: …

Bienvenue dans le quartier !

Du bist neu in dem Viertel. Auf dem Rückweg von der Schule zur Metrostation erklärt dir ein Mitschüler / eine Mitschülerin, was es dort alles gibt. Du stellst Fragen. A beginnt.

A: Tu habites où ?

B: Sage, dass du in der rue de Belleville wohnst.

A: C'est cool ! Tu aimes le quartier ?

B: Sage, dass du es nicht weißt. Frage, was es im Viertel gibt.

A: Il y a un parc pour les fans de nature, un musée et un cinéma.

B: Sage, dass es super ist und dass du die Natur magst. Frage, wo der Park ist.

A: Le parc est entre le musée et la gare.

B: Sage, dass es cool ist. Sage, *(überrascht)*, dass da die  ist und sage: „Bis morgen!"

A: À demain !

Voilà ma famille !

Du bist im Feriencamp und zeigst einem Freund / einer Freundin (B) ein Foto von deiner Familie. Du beginnst.

A : Regarde, ce ? mes parents et ? frères Luc et Victor !

B : …

A : Ils ont 8 et 10 ? . Et toi, tu as des  ?

B : …

A : Tes  sont séparés ?

B : …

A : Oh, c' ? loin !

B : …

A : C' ? sympa.

Voilà ma famille !

Du bist im Feriencamp und zeigst einem Freund / einer Freundin (B) ein Foto von deiner Familie. Du beginnst.

A : Regarde, ce ? mes parents et ? frères Luc et Victor !

B : Ils ont quel âge, tes frères ?

A : Ils ont 8 et 10 ? . Et toi, tu as des  ?

B : Oui, j'ai une sœur. Elle habite à Lille chez mon père.

A : Tes  sont séparés ?

B : Oui, c'est un peu compliqué. Moi, j'habite chez ma mère, à Strasbourg.

A : Oh, c' ? loin !

B : Oui, mais pendant les vacances, je suis souvent chez mon père.

A : C' ? sympa.

Voilà ma famille !

Du bist im Feriencamp und ein Freund / eine Freundin (A) zeigt dir ein Foto von seiner/ihrer Familie. A beginnt.

A : …

B : Ils ? quel âge, tes frères ?

A : …

B : Oui, j' ? une sœur. Elle habite à Lille chez mon ? .

A : …

B : Oui, c'est un peu 😟 . Moi, j' ? chez ma 👩 , à Strasbourg.

A : …

B : Oui, mais ? les vacances, je ? souvent chez mon père.

A : …

Voilà ma famille !

Du bist im Feriencamp und ein Freund / eine Freundin (A) zeigt dir ein Foto von seiner/ihrer Familie. A beginnt.

A : Regarde, ce sont mes parents et mes frères Luc et Victor !

B : Ils ? quel âge, tes frères ?

A : Ils ont huit et dix ans. Et toi, tu as des frères et sœurs ?

B : Oui, j' ? une sœur. Elle habite à Lille chez mon ? .

A : Tes parents sont séparés ?

B : Oui, c'est un peu 😟 . Moi, j' ? chez ma 👩 , à Strasbourg.

A : Oh, c'est loin !

B : Oui, mais ? les vacances, je ? souvent chez mon père.

A : C'est sympa.

Voilà ma famille !

Du bist im Feriencamp und zeigst einem Freund / einer Freundin (B) ein Foto von deiner Familie. Du beginnst.

A : Fordere B auf, hinzuschauen. Sage, dass das deine Eltern und deine Brüder Luc und Victor sind.

B : …

A : Sage, dass sie acht und zehn Jahre alt sind. Frage B zurück, ob er/sie Geschwister hat.

B : …

A : Frage B, ob seine/ihre Eltern getrennt sind.

B : …

A : Sage *(erstaunt)*, dass es weit weg ist.

B : …

A : Sage, dass das nett ist.

Voilà ma famille !

Du bist im Feriencamp und zeigst einem Freund / einer Freundin (B) ein Foto von deiner Familie. Du beginnst.

A : Fordere B auf, hinzuschauen. Sag, dass das deine Eltern und deine Brüder Luc und Victor sind.

B : Ils ont quel âge, tes frères ?

A : Sage, dass sie acht und zehn Jahre alt sind. Frage B zurück, ob er/sie Geschwister hat.

B : Oui, j'ai une sœur. Elle habite à Lille chez mon père.

A : Frage B, ob seine/ihre Eltern getrennt sind.

B : Oui, c'est un peu compliqué. Moi, j'habite chez ma mère, à Strasbourg.

A : Sage *(erstaunt)*, dass es weit weg ist.

B : Oui, mais pendant les vacances, je suis souvent chez mon père.

A : Sage, dass das nett ist.

Voilà ma famille !

Du bist im Feriencamp und ein Freund / eine Freundin (A) zeigt dir ein Foto von seiner/ihrer Familie. A beginnt.

A : …

B : Frage A, wie alt seine/ihre Brüder sind.

A : …

B : Bejahe. Sage, dass du eine Schwester hast. Füge hinzu, dass sie in Lille bei deinem Vater wohnt.

A : …

B : Bejahe. Sage, dass es etwas kompliziert ist. Füge hinzu, dass du bei deiner Mutter in Straßburg wohnst.

A : …

B : Bejahe. Sage, dass du aber in den Ferien oft bei deinem Vater bist.

A : …

Voilà ma famille !

Du bist im Feriencamp und ein Freund / eine Freundin (A) zeigt dir ein Foto von seiner/ihrer Familie. A beginnt.

A : Regarde, ce sont mes parents et mes frères Luc et Victor !

B : Frage A, wie alt seine/ihre Brüder sind.

A : Ils ont huit et dix ans. Et toi, tu as des frères et sœurs ?

B : Bejahe. Sage, dass du eine Schwester hast. Füge hinzu, dass sie in Lille bei deinem Vater wohnt.

A : Tes parents sont séparés ?

B : Bejahe. Sage, dass es etwas kompliziert ist. Füge hinzu, dass du bei deiner Mutter in Straßburg wohnst.

A : Oh, c'est loin !

B : Bejahe. Sage, dass du aber in den Ferien oft bei deinem Vater bist.

A : C'est sympa.

Qu'est-ce que tu fais le week-end ?

Es ist Freitagnachmittag. Du unterhältst dich mit einem Schulfreund / einer Schulfreundin (B) über eure Familie und Freizeitaktivitäten am Wochenende. Du beginnst.

A : Qu'  tu fais le week-end ?

B : …

A : !

B : …

A : Le week-end, je  des séries avec mes  .

B : …

A : Non. Je voudrais un , mais mon père a une .

B : …

Qu'est-ce que tu fais le week-end ?

Es ist Freitagnachmittag. Du unterhältst dich mit einem Schulfreund / einer Schulfreundin (B) über eure Familie und Freizeitaktivitäten am Wochenende. Du beginnst.

A : Qu'  tu fais le week-end ?

B : Le week-end, je suis toujours chez mon père. Il m'énerve un peu, mais parfois, on joue à Minecraft.

A :  !

B : Oui ! Et toi, qu'est-ce que tu fais ?

A : Le week-end, je 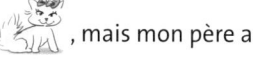 des séries avec mes  .

B : Tu as un animal ?

A : Non. Je voudrais un  , mais mon père a une  .

B : C'est dommage ! Mon chien aime le foot. Alors, on joue souvent ensemble !

Qu'est-ce que tu fais le week-end ?

Es ist Freitagnachmittag. Du unterhältst dich mit einem Schulfreund / einer Schulfreundin (A) über eure Familie und Freizeitaktivitäten am Wochenende. A beginnt.

A : …

B : Le week-end, je suis toujours ❓ mon 👴 . Il m' 😠 un peu, mais parfois, on ❓ à Minecraft.

A : …

B : Oui ! Et toi, qu'est-ce que tu ❓ ?

A : …

B : Tu as un  ?

A : …

B : C'est 😧 ! Mon chien 🖤 le ⚽ . Alors, on ❓ souvent ensemble !

Qu'est-ce que tu fais le week-end ?

Es ist Freitagnachmittag. Du unterhältst dich mit einem Schulfreund / einer Schulfreundin (A) über eure Familie und Freizeitaktivitäten am Wochenende. A beginnt.

A : Qu'est-ce que tu fais, le week-end ?

B : Le week-end, je suis toujours ❓ mon 👴 . Il m' 😠 un peu, mais parfois, on ❓ à Minecraft.

A : C'est cool !

B : Oui ! Et toi, qu'est-ce que tu ❓ ?

A : Le week-end, je regarde des séries avec mes frères et sœurs.

B : Tu as un  ?

A : Non. Je voudrais un chat, mais mon père a une allergie.

B : C'est 😧 ! Mon chien 🖤 le ⚽ . Alors, on ❓ souvent ensemble !

★ Unité 2 : DIALOGUE 2   A

Qu'est-ce que tu fais le week-end ?

Es ist Freitagnachmittag. Du unterhältst dich mit einem Schulfreund / einer Schulfreundin (B) über eure Familie und Freizeitaktivitäten am Wochenende. Du beginnst.

A : Frage B, was er/sie am Wochenende macht.

B : …

A : Sage, dass es cool ist.

B : …

A : Sage, dass du am Wochenende mit deinen Geschwistern Serien schaust.

B : …

A : Verneine. Sage, dass du eine  möchtest, aber dass dein Vater eine Allergie hat.

B : …

★ Unité 2 : DIALOGUE 2   mit Lösungen   A

Qu'est-ce que tu fais le week-end ?

Es ist Freitagnachmittag. Du unterhältst dich mit einem Schulfreund / einer Schulfreundin (B) über eure Familie und Freizeitaktivitäten am Wochenende. Du beginnst.

A : Frage B, was er/sie am Wochenende macht.

B : Le week-end, je suis toujours chez mon père. Il m'énerve un peu, mais parfois, on joue à Minecraft.

A : Sage, dass es cool ist.

B : Oui ! Et toi, qu'est-ce que tu fais ?

A : Sage, dass du am Wochenende mit deinen Geschwistern Serien schaust.

B : Tu as un animal ?

A : Verneine. Sage, dass du eine möchtest, aber dass dein Vater eine Allergie hat.

B : C'est dommage ! Mon chien aime le foot. Alors, on joue souvent ensemble !

★ Unité 2 : DIALOGUE 2   B

Qu'est-ce que tu fais le week-end ?

Es ist Freitagnachmittag. Du unterhältst dich mit einem Schulfreund / einer Schulfreundin (A) über eure Familie und Freizeitaktivitäten am Wochenende. A beginnt.

A : …

B : Sage, dass du am Wochenende immer bei deinem Vater bist. Sage, dass er ein bisschen nervt aber dass ihr manchmal Minecraft spielt.

A : …

B : Bejahe. Frage A zurück, was er/sie macht.

A : …

B : Frage A, ob er/sie ein (Haus-)Tier hat.

A : …

B : Sage, dass es schade ist. Sage, dass dein Hund Fußball mag und dass ihr also oft zusammen spielt.

★ Unité 2 : DIALOGUE 2   mit Lösungen   B

Qu'est-ce que tu fais le week-end ?

Es ist Freitagnachmittag. Du unterhältst dich mit einem Schulfreund / einer Schulfreundin (A) über eure Familie und Freizeitaktivitäten am Wochenende. A beginnt.

A : Qu'est-ce que tu fais le week-end ?

B : Sage, dass du am Wochenende immer bei deinem Vater bist. Sage, dass er ein bisschen nervt aber dass ihr manchmal Minecraft spielt.

A : C'est cool !

B : Bejahe. Frage A zurück, was er/sie macht.

A : Le week-end, je regarde des séries avec mes frères et sœurs.

B : Frage A, ob er/sie ein (Haus-)Tier hat.

A : Non. Je voudrais un chat, mais mon père a une allergie.

B : Sage, dass es schade ist. Sage, dass dein Hund Fußball mag und dass ihr also oft zusammen spielt.

Où est mon cahier ?

Du suchst dein Französischheft. Deine Schwester / Dein Bruder hat es gesehen und beschreibt dir, wo es liegt. Du beginnst.

A : Je mon  de français.

B : …

A : Il est sur la  ?

B : …

A : *(Im Wohnzimmer)* Sur l'étagère, il y a des 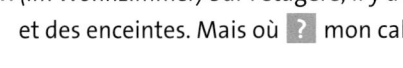, une  et des enceintes. Mais où mon cahier ?

B : …

A : Ah, voilà cahier. Merci !

Où est mon cahier ?

Du suchst dein Französischheft. Deine Schwester / Dein Bruder hat es gesehen und beschreibt dir, wo es liegt. Du beginnst.

A : Je mon  de français.

B : Regarde dans le salon.

A : Il est sur la ?

B : Non, il est sur l'étagère.

A : *(Im Wohnzimmer)* Sur l'étagère, il y a des , une et des enceintes. Mais où mon cahier ?

B : À gauche des enceintes !

A : Ah, voilà cahier. Merci !

Où est mon cahier ?

Deine Schwester / Dein Bruder sucht ihr/sein Französisch-heft. Du hast es gesehen und beschreibst ihr/ihm, wo es liegt. A beginnt.

A : …

B : Regarde dans le .

A : …

B : Non, il est sur l' .

A : …

B : gauche des !

A : …

Où est mon cahier ?

Deine Schwester / Dein Bruder sucht ihr/sein Französisch-heft. Du hast es gesehen und beschreibst ihr/ihm, wo es liegt. A beginnt.

A : Je cherche mon cahier de français.

B : Regarde dans le .

A : Il est sur la table ?

B : Non, il est sur l' .

A : *(Im Wohnzimmer)* Sur l'étagère, il y a des livres, une plante et des enceintes. Mais où est mon cahier ?

B : gauche des !

A : Ah, voilà mon cahier. Merci !

Où est mon cahier ?

Du suchst dein Französischheft. Deine Schwester / Dein Bruder hat es gesehen und beschreibt dir, wo es liegt. Du beginnst.

A : Sage, dass du dein Französischheft suchst.

B : …

A : Frage, ob es auf dem Tisch liegt.

B : …

A : *(Im Wohnzimmer)* Sage, dass auf dem Regal Bücher, eine Pflanze und Lautsprecherboxen sind. Frage, wo aber dein Heft ist.

B : …

A : Sage *(erleichtert)*: „Ah, da ist mein ." Bedanke dich.

Où est mon cahier ?

Du suchst dein Französischheft. Deine Schwester / Dein Bruder hat es gesehen und beschreibt dir, wo es liegt. Du beginnst.

A : Sage, dass du dein Französischheft suchst.

B : Regarde dans le salon.

A : Frage, ob es auf dem Tisch liegt.

B : Non, il est sur l'étagère.

A : *(Im Wohnzimmer)* Sage, dass auf dem Regal Bücher, eine Pflanze und Lautsprecherboxen sind. Frage, wo aber dein Heft ist.

B : À gauche des enceintes !

A : Sage *(erleichtert)*: „Ah, da ist mein ." Bedanke dich.

Où est mon cahier ?

Deine Schwester / Dein Bruder sucht ihr/sein Französischheft. Du hast es gesehen und beschreibst ihr/ihm, wo es liegt. A beginnt.

A : …

B : Fordere A auf, im Wohnzimmer nachzusehen.

A : …

B : Verneine. Sage, dass es auf dem liegt.

A : …

B : Sage: „Links von den Lautsprecherboxen!"

A : …

Où est mon cahier ?

Deine Schwester / Dein Bruder sucht ihr/sein Französischheft. Du hast es gesehen und beschreibst ihr/ihm, wo es liegt. A beginnt.

A : Je cherche mon cahier de français.

B : Fordere A auf, im Wohnzimmer nachzusehen.

A : Il est sur la table ?

B : Verneine. Sage, dass es auf dem  liegt.

A : *(Im Wohnzimmer)* Sur l'étagère, il y a des livres, une plante et des enceintes. Mais où est mon cahier ?

B : Sage: „Links von den Lautsprecherboxen!"

A : Ah, voilà mon cahier. Merci !

Les activités

Du lernst deine/n neue/n Nachbarin/Nachbarn kennen.
Ihr tauscht euch über eure Hobbys aus. Du beginnst.

A : Qu'est-ce que tu 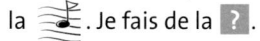 faire ?

B : …

A : Le sport, ce n'est pas mon [?] . Mais j'adore
la  . Je fais de la [?] .

B : …

A : Non. Mais je suis [?] d'Orelsan.
J'  son look !

B : …

A : Oui ! Alors, on de la  maintenant ?

Les activités

Du lernst deine/n neue/n Nachbarin/Nachbarn kennen.
Ihr tauscht euch über eure Hobbys aus. Du beginnst.

A : Qu'est-ce que tu 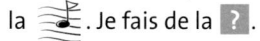 faire ?

B : Moi, j'adore le sport. Je fais du foot et du
basket. Et toi ?

A : Le sport, ce n'est pas mon [?] . Mais j'adore
la  . Je fais de la [?] .

B : C'est cool ! Tu as un groupe préféré ?

A : Non. Mais je suis [?] d'Orelsan.
J'  son look !

B : Ah, tu aimes aussi le rap ?

A : Oui ! Alors, on de la  maintenant ?

Les activités

Du lernst deine/n neue/n Nachbarin/Nachbarn kennen.
Ihr tauscht euch über eure Hobbys aus. A beginnt.

A : …

B : Moi, j' le sport. Je fais du [?] et [?] basket. Et toi ?

A : …

B : C'est cool ! Tu as un groupe  ?

A : …

B : Ah, tu aussi le rap ?

A : …

Les activités

Du lernst deine/n neue/n Nachbarin/Nachbarn kennen.
Ihr tauscht euch über eure Hobbys aus. A beginnt.

A : Qu'est-ce que tu aimes faire ?

B : Moi, j' le sport. Je fais du [?] et [?] basket. Et toi ?

A : Le sport, ce n'est pas mon truc. Mais
j'adore la musique. Je fais de la guitare.

B : C'est cool ! Tu as un groupe  ?

A : Non. Mais je suis fan d'Orelsan.
J'adore son look !

B : Ah, tu  aussi le rap ?

A : Oui ! Alors, on écoute de la musique maintenant ?

Les activités

Du lernst deine/n neue/n Nachbarin/Nachbarn kennen.
Ihr tauscht euch über eure Hobbys aus. Du beginnst.

A : Frage B, was er/sie gerne macht.

B : …

A : Sage, dass Sport nicht dein Ding ist. Sage, dass
du aber Musik sehr gerne magst. Füge hinzu,
dass du Gitarre spielst.

B : …

A : Verneine. Sage, dass du aber ein Fan von
Orelsan bist und dass du seinen Look
sehr magst.

B : …

A : Bejahe und frage, ob ihr jetzt Musik hört.

Les activités

Du lernst deine/n neue/n Nachbarin/Nachbarn kennen.
Ihr tauscht euch über eure Hobbys aus. Du beginnst.

A : Frage B, was er/sie gerne macht.

B : Moi, j'adore le sport. Je fais du foot et du basket. Et toi ?

A : Sage, dass Sport nicht dein Ding ist. Sage, dass
du aber Musik sehr gerne magst. Füge hinzu,
dass du Gitarre spielst.

B : C'est cool ! Tu as un groupe préféré ?

A : Verneine. Sage, dass du aber ein Fan von
Orelsan bist und dass du seinen Look
sehr magst.

B : Ah, tu aimes aussi le rap ?

A : Bejahe und frage, ob ihr jetzt Musik hört.

Les activités

Du lernst deine/n neue/n Nachbarin/Nachbarn kennen.
Ihr tauscht euch über eure Hobbys aus. A beginnt.

A : …

B : Sage, dass du Sport sehr magst. Sage, dass
du Fußball und Basketball spielst. Frage A
kurz zurück.

A : …

B : Sage, dass es cool ist und frage A, ob er/sie eine
Lieblingsband hat.

A : …

B : *(überrascht)* Frage A, ob er/sie auch Rap mag.

A : …

Les activités

Du lernst deine/n neue/n Nachbarin/Nachbarn kennen.
Ihr tauscht euch über eure Hobbys aus. A beginnt.

A : Qu'est-ce que tu aimes faire ?

B : Sage, dass du Sport sehr magst. Sage,
dass du Fußball und Basketball spielst.
Frage A kurz zurück.

A : Le sport, ce n'est pas mon truc. Mais
j'adore la musique. Je fais de la guitare.

B : Sage, dass es cool ist und frage A, ob er/sie eine
Lieblingsband hat.

A : Non. Mais je suis fan d'Orelsan. J'adore son look !

B : *(überrascht)* Frage A, ob er/sie auch Rap mag.

A : Oui ! Alors, on écoute de la musique maintenant ?

Le correspondant / La correspondante

Dein Austauschpartner / Deine Austauschpartnerin begleitet dich heute in die Schule und ist neugierig. Du zeigst ihm/ihr die Schule. Du beginnst.

A : Là, à droite, c'est la [?] des profs.

B : …

A : [?] dépend. J'[♥][♥] notre prof d'allemand mais je [💔] notre prof de maths. Il est très [?].

B : …

A : Les toilettes sont en face [?] la cantine.

B : …

A : Oui, mais il y a trop [?] bruit et je [?] que les plats ne sont pas toujours bons.

B : …

A : Non, c'[?] notre CDI. On va souvent [?] CDI pour préparer nos [?].

B : …

Le correspondant / La correspondante

Dein Austauschpartner / Deine Austauschpartnerin begleitet dich heute in die Schule und ist neugierig. Du zeigst ihm/ihr die Schule. Du beginnst.

A : Là, à droite, c'est la [?] des profs.

B : Ils sont sympa, vos profs ?

A : [?] dépend. J'[♥][♥] notre prof d'allemand mais je [💔] notre prof de maths. Il est très [?].

B : Où sont les toilettes ?

A : Les toilettes sont en face [?] la cantine.

B : Et à midi, est-ce que les élèves mangent à la cantine ?

A : Oui, mais il y a trop [?] bruit et je [?] que les plats ne sont pas toujours bons.

B : Et ça, c'est votre salle de classe ?

A : Non, c'[?] notre CDI. On va souvent [?] CDI pour préparer nos [?].

B : C'est grand ! Vous avez de la chance !

Le correspondant / La correspondante

Du begleitest deinen französischen Austauschpartner / deine französische Austauschpartnerin (A) in seine/ihre Schule. A beginnt.

A : …

B : Ils sont sympa, vos [?] ?

A : …

B : Où sont les [🚺|🚹] ?

A : …

B : Et à [🕛], est-ce que les élèves [?] à la cantine ?

A : …

B : Et ça, c'est votre salle [?] classe ?

A : …

B : C'est grand ! Vous avez de la [🍀] !

Le correspondant / La correspondante

Du begleitest deinen französischen Austauschpartner / deine französische Austauschpartnerin (A) in seine/ihre Schule. A beginnt.

A : Là, à droite, c'est la salle des profs.

B : Ils sont sympa, vos [?] ?

A : Ça dépend. J'adore notre prof d'allemand mais je déteste notre prof de maths. Il est très sévère.

B : Où sont les [🚺|🚹] ?

A : Les toilettes sont en face de la cantine.

B : Et à [🕛], est-ce que les élèves [?] à la cantine ?

A : Oui, mais il y a trop de bruit et je trouve que les plats ne sont pas toujours bons.

B : Et ça, c'est votre salle [?] classe ?

A : Non, c'est notre CDI. On va souvent au CDI pour préparer nos exposés.

B : C'est grand ! Vous avez de la !

★ Unité 4 : **DIALOGUE 1**   **A**

Le correspondant / La correspondante

Dein Austauschpartner / Deine Austauschpartnerin begleitet dich heute in die Schule und ist neugierig. Du zeigst ihm/ihr die Schule. Du beginnst.

A : Sage, dass dort rechts das Lehrerzimmer ist.

B : …

A : Sage, dass es darauf ankommt. Sage, dass du eure Deutschlehrerin sehr magst aber euren Mathelehrer hasst. Sage, dass er sehr streng ist.

B : …

A : Sage, dass die Toiletten gegenüber von der Kantine sind.

B : …

A : Bejahe. Sage, dass es aber zu viel Lärm gibt und dass du findest, dass die Gerichte nicht immer gut sind.

B : …

A : Verneine. Sage, dass es eure Schulbibliothek ist und dass ihr oft in die Schulbibliothek geht, um eure Referate vorzubereiten.

B : …

★ Unité 4 : **DIALOGUE 1** mit Lösungen   **A**

Le correspondant / La correspondante

Dein Austauschpartner / Deine Austauschpartnerin begleitet dich heute in die Schule und ist neugierig. Du zeigst ihm/ihr die Schule. Du beginnst.

A : Sage, dass dort rechts das Lehrerzimmer ist.

B : Ils sont sympa, vos profs ?

A : Sage, dass es darauf ankommt. Sage, dass du eure Deutschlehrerin sehr magst aber euren Mathelehrer hasst. Sage, dass er sehr streng ist.

B : Où sont les toilettes ?

A : Sage, dass die Toiletten gegenüber von der Kantine sind.

B : Et à midi, est-ce que les élèves mangent à la cantine ?

A : Bejahe. Sage, dass es aber zu viel Lärm gibt und dass du findest, dass die Gerichte nicht immer gut sind.

B : Et ça, c'est votre salle de classe ?

A : Verneine. Sage, dass es eure Schulbibliothek ist und dass ihr oft in die Schulbibliothek geht, um eure Referate vorzubereiten.

B : C'est grand ! Vous avez de la chance !

★ Unité 4 : **DIALOGUE 1**   **B**

Le correspondant / La correspondante

Du begleitest deinen französischen Austauschpartner / deine französische Austauschpartnerin (A) in seine/ihre Schule. A beginnt.

A : …

B : Frage A, ob ihre *(Plural)* Lehrer nett sind.

A : …

B : Frage A, wo die Toiletten sind.

A : …

B : Frage A, ob die Schüler/innen mittags in der Kantine essen.

A : …

B : Frage A, ob das ihr *(Plural)* Klassenraum ist.

A : …

B : Sage, dass es groß ist und dass sie Glück haben.

★ Unité 4 : **DIALOGUE 1** mit Lösungen   **B**

Le correspondant / La correspondante

Du begleitest deinen französischen Austauschpartner / deine französische Austauschpartnerin (A) in seine/ihre Schule. A beginnt.

A : Là, à droite, c'est la salle des profs.

B : Frage A, ob ihre *(Plural)* Lehrer nett sind.

A : Ça dépend. J'adore notre prof d'allemand mais je déteste notre prof de maths. Il est très sévère.

B : Frage A, wo die Toiletten sind.

A : Les toilettes sont en face de la cantine.

B : Frage A, ob die Schüler/innen mittags in der Kantine essen.

A : Oui, mais il y a trop de bruit et je trouve que les plats ne sont pas toujours bons.

B : Frage A, ob das ihr *(Plural)* Klassenraum ist.

A : Non, c'est notre CDI. On va souvent au CDI pour préparer nos exposés.

B : Sage, dass es groß ist und dass sie Glück haben.

☆ Unité 4 : DIALOGUE 2   **A**

C'est la rentrée !

Heute ist der erste Schultag nach den Sommerferien. In der Pause triffst du einen Freund / eine Freundin wieder. Du sprichst ihn/sie an.

A : Salut, Max/Lisa ! Ça  ?

B : …

A : Bof. Mon  , c'est un cauchemar. Je  toujours à **08:00** !

B : …

A : Non, je suis  cinquième B.

B : …

A : Il est 😃. Mais la prof d'anglais n'explique  bien et elle donne trop de  .

B : …

A : Mercredi après-midi, j'  basket. Mais jeudi, je termine à **16:15** .

B : …

A :  marche !

☆ Unité 4 : DIALOGUE 2   mit Lösungen   **A**

C'est la rentrée !

Heute ist der erste Schultag nach den Sommerferien. In der Pause triffst du einen Freund / eine Freundin wieder. Du sprichst ihn/sie an.

A : Salut, Max/Lisa ! Ça  ?

B : Salut, Paul/Sonia ! Ça va bien. Et toi ?

A : Bof. Mon  , c'est un cauchemar. Je  toujours à **08:00** !

B : Ah, c'est nul ! Tu es dans la classe de Louise, en cinquième A ?

A : Non, je suis  cinquième B.

B : Ah, alors tu as Monsieur Lebon en français. Il est comment ?

A : Il est 😃. Mais la prof d'anglais n'explique  bien et elle donne trop de  .

B : On joue à Minecraft, mercredi après-midi ?

A : Mercredi après-midi, j'  basket. Mais jeudi, je termine à **16:15** .

B : Alors, je passe chez toi jeudi !

A :  marche !

☆ Unité 4 : DIALOGUE 2   **B**

C'est la rentrée !

Heute ist der erste Schultag nach den Sommerferien. In der Pause triffst du einen Freund / eine Freundin wieder. Er/Sie spricht dich an. A beginnt.

A : …

B : Salut, Paul/Sonia! Ça  bien. Et toi ?

A : …

B : Ah, c'est 🙁 ! Tu es dans la  de Louise,  cinquième A ?

A : …

B : Ah, alors tu as Monsieur Lebon  français. Il  comment ?

A : …

B : On  à Minecraft, mercredi après-midi ?

A : …

B : Alors, je  chez toi jeudi !

A : …

☆ Unité 4 : DIALOGUE 2   mit Lösungen   **B**

C'est la rentrée !

Heute ist der erste Schultag nach den Sommerferien. In der Pause triffst du einen Freund / eine Freundin wieder. Er/Sie spricht dich an. A beginnt.

A : Salut, Max/Lisa! Ça va ?

B : Salut, Paul/Sonia ! Ça  bien. Et toi ?

A : Bof. Mon emploi du temps, c'est un cauchemar. Je commence toujours à huit heures !

B : Ah, c'est 🙁 ! Tu es dans la  de Louise,  cinquième A ?

A : Non, je suis en cinquième B.

B : Ah, alors tu as Monsieur Lebon  français. Il  comment ?

A : Il est drôle. Mais la prof d'anglais n'explique pas bien et elle donne trop de devoirs.

B : On  à Minecraft, mercredi après-midi ?

A : Mercredi après-midi, j'ai basket. Mais jeudi, je termine à seize heures quinze.

B : Alors, je  chez toi jeudi !

A : Ça marche !

C'est la rentrée !

Heute ist der erste Schultag nach den Sommerferien. In der Pause triffst du einen Freund / eine Freundin wieder. Du sprichst ihn/sie an.

A : Begrüße Max/Lisa und frage, wie es ihm/ ihr geht.

B : …

A : Sage, dass es dir nicht so gut geht. Sage, dass dein Stundenplan ein Alptraum ist. Füge hinzu, dass du immer um 8 Uhr beginnst.

B : …

A : Verneine. Sage, dass du in der 7B (❗ *franz. Klassen)* bist.

B : …

A : Sage, dass er lustig ist. Sage, dass die Englischlehrerin aber nicht gut erklärt und zu viele Hausaufgaben gibt.

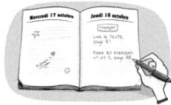

B : …

A : Sage, dass du am Mittwochnachmittag Basketball hast. Sage, dass du aber am Donnerstag um 16 Uhr 15 Schluss hast.

B : …

A : Sage, dass es klappt.

C'est la rentrée !

Heute ist der erste Schultag nach den Sommerferien. In der Pause triffst du einen Freund / eine Freundin wieder. Du sprichst ihn/sie an.

A : Begrüße Max/Lisa und frage, wie es ihm/ ihr geht.

B : Salut, Paul/Sonia ! Ça va bien. Et toi ?

A : Sage, dass es dir nicht so gut geht. Sage, dass dein Stundenplan ein Alptraum ist. Füge hinzu, dass du immer um 8 Uhr beginnst.

B : Ah, c'est nul ! Tu es dans la classe de Louise, en cinquième A ?

A : Verneine. Sage, dass du in der 7B (❗ *franz. Klassen)* bist.

B : Ah, alors tu as Monsieur Lebon en français. Il est comment ?

A : Sage, dass er lustig ist. Sage, dass die Englischlehrerin aber nicht gut erklärt und zu viele Hausaufgaben gibt.

B : On joue à Minecraft, mercredi après-midi ?

A : Sage, dass du am Mittwochnachmittag Basketball hast. Sage, dass du aber am Donnerstag um 16 Uhr 15 Schluss hast.

B : Alors, je passe chez toi jeudi !

A : Sage, dass es klappt.

C'est la rentrée !

Heute ist der erste Schultag nach den Sommerferien. In der Pause triffst du einen Freund / eine Freundin wieder. Er/Sie spricht dich an. A beginnt.

A : …

B : Begrüße Paul/Sonia. Sage, dass es dir gut geht. Frage A kurz zurück.

A : …

B : Sage, dass das doof ist. Frage, ob A in Louises Klasse ist, in der 7A (❗ *franz. Klassen)*.

A : …

B : Sage A, dass er/sie also Herrn Lebon in Französisch hat. Frage, wie er so ist.

A : …

B : Frage, ob ihr am Mittwochnachmittag Minecraft spielt.

A : …

B : Sage A, dass du dann am Donnerstag bei ihm/ ihr vorbeikommst.

A : …

C'est la rentrée !

Heute ist der erste Schultag nach den Sommerferien. In der Pause triffst du einen Freund / eine Freundin wieder. Er/Sie spricht dich an. A beginnt.

A : Salut, Max/Lisa ! Ça va ?

B : Begrüße Paul/Sonia. Sage, dass es dir gut geht. Frage A kurz zurück.

A : Bof. Mon emploi du temps, c'est un cauchemar. Je commence toujours à huit heures !

B : Sage, dass das doof ist. Frage, ob A in Louises Klasse ist, in der 7A (❗ *franz. Klassen)*.

A : Non, je suis en cinquième B.

B : Sage A, dass er/sie also Herrn Lebon in Französisch hat. Frage, wie er so ist.

A : Il est drôle. Mais la prof d'anglais n'explique pas bien et elle donne trop de devoirs.

B : Frage, ob ihr am Mittwochnachmittag Minecraft spielt.

A : Mercredi après-midi, j'ai basket. Mais jeudi, je termine à seize heures quinze.

B : Sage A, dass du dann am Donnerstag bei ihm/ ihr vorbeikommst.

A : Ça marche !

Un film, ça te dit ?

Du möchtest dich am Wochenende mit B verabreden und etwas unternehmen. Du rufst B an und beginnst.

A : *(Am Telefon)*  Mehdi/Anna ?
C'est Léo/Sophie.

B : …

A :  va bien, et toi ?

B : …

A : On pourrait  au cinéma ce week-end et  un film,
ça te  ?

B : …

A :  aussi un festival de hip-hop dans le ,
ce week-end.  gratuit !

B : …

A : D'accord ! On se  à quelle ?

B : …

A : Ça  ! À plus !

B : …

Un film, ça te dit ?

Du möchtest dich am Wochenende mit B verabreden und etwas unternehmen. Du rufst B an und beginnst.

A : *(Am Telefon)*  Mehdi/Anna ?
C'est Léo/Sophie.

B : Salut, Léo/Sophie ! Ça va ?

A :  va bien, et toi ?

B : Ça va.

A : On pourrait  au cinéma ce week-end et 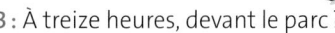 un film, ça te  ?

B : Samedi, je ne peux pas parce que je vais chez mes grands-parents. Et dimanche, je préfère aller au parc.

A :  aussi un festival de hip-hop dans le ,
ce week-end.  gratuit !

B : Bonne idée ! On pourrait faire un pique-nique dans le parc et écouter de la musique.

A : D'accord ! On se  à quelle  ?

B : À treize heures, devant le parc ?

A : Ça  ! À plus !

B : À plus !

Un film, ça te dit ?

A ruft dich an, um sich mit dir am Wochenende zu verabreden. Am Samstag bist du bei deinen Großeltern, aber am Sonntag hast du Zeit. A beginnt.

A : …

B : , Léo/Sophie ! Ça va ?

A : …

B : Ça .

A : …

B : Samedi, je ne  pas parce que je vais chez mes .
Et dimanche, je préfère  au parc.

A : …

B : Bonne ! On pourrait faire un  dans le parc et  de la musique.

A : …

B : À **13:00**, devant le parc ?

A : …

B : À  !

Un film, ça te dit ?

A ruft dich an, um sich mit dir am Wochenende zu verabreden. Am Samstag bist du bei deinen Großeltern, aber am Sonntag hast du Zeit. A beginnt.

A : *(Am Telefon)* Allô Mehdi/Anna?
C'est Léo/Sophie.

B : , Léo/Sophie ! Ça va ?

A : Ça va bien, et toi ?

B : Ça .

A : On pourrait aller au cinéma ce week-end et regarder un film, ça te dit ?

B : Samedi, je ne  pas parce que je vais chez mes .
Et dimanche, je préfère  au parc.

A : Il y a aussi un festival de hip-hop dans le parc, ce week-end. C'est gratuit !

B : Bonne ! On pourrait faire un  dans le parc et  de la musique.

A : D'accord ! On se retrouve à quelle heure ?

B : À **13:00**, devant le parc ?

A : Ça marche ! À plus !

B : À  !

Un film, ça te dit ?

Du möchtest dich am Wochenende mit B verabreden und etwas unternehmen. Du rufst B an und beginnst.

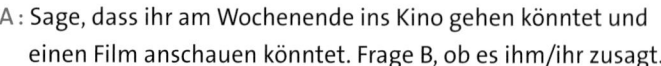

A : *(Am Telefon)* Melde dich am Telefon und frage, ob es Mehdi/Anna ist. Sage, dass du es bist, Léo/Sophie.

B : …

A : Sage, dass es dir gut geht. Frage B zurück.

B : …

A : Sage, dass ihr am Wochenende ins Kino gehen könntet und einen Film anschauen könntet. Frage B, ob es ihm/ihr zusagt.

B : …

A : Sage, dass es am Wochenende im Park auch ein Hip-Hop Festival gibt. Füge hinzu, dass es umsonst ist.

B : …

A : Sage, dass du einverstanden bist. Frage, um wie viel Uhr ihr euch trefft.

B : …

A : Sage, dass es klappt. Füge hinzu: „Bis später!"

B : …

Un film, ça te dit ?

Du möchtest dich am Wochenende mit B verabreden und etwas unternehmen. Du rufst B an und beginnst.

A : *(Am Telefon)* Melde dich am Telefon und frage, ob es Mehdi/Anna ist. Sage, dass du es bist, Léo/Sophie.

B : Salut, Léo/Sophie ! Ça va ?

A : Sage, dass es dir gut geht. Frage B zurück.

B : Ça va.

A : Sage, dass ihr am Wochenende ins Kino gehen könntet und einen Film anschauen könntet. Frage B, ob es ihm/ihr zusagt.

B : Samedi, je ne peux pas parce que je vais chez mes grands-parents. Et dimanche, je préfère aller au parc.

A : Sage, dass es am Wochenende im Park auch ein Hip-Hop Festival gibt. Füge hinzu, dass es umsonst ist.

B : Bonne idée ! On pourrait faire un pique-nique dans le parc et écouter de la musique.

A : Sage, dass du einverstanden bist. Frage, um wie viel Uhr ihr euch trefft.

B : À treize heures, devant le parc ?

A : Sage, dass es klappt. Füge hinzu: „Bis später!"

B : À plus !

Un film, ça te dit ?

A ruft dich an, um sich mit dir am Wochenende zu verabreden. Am Samstag bist du bei deinen Großeltern, aber am Sonntag hast du Zeit. A beginnt.

A : …

B : Begrüße Léo/Sophie. Frage A, wie es ihm/ihr geht.

A : …

B : Sage, dass es dir gut geht.

A : …

B : Sage, dass du am Samstag nicht kannst, weil du zu deinen Großeltern gehst. Sage auch, dass du am Sonntag lieber in den Park gehst.

A : …

B : Sage, dass es eine gute Idee ist. Füge hinzu, dass ihr im Park ein Picknick machen und Musik hören könntet.

A : …

B : Schlage vor, dass ihr euch um 13 Uhr vor dem Park trefft.

A : …

B : Sage: „Bis später!"

Un film, ça te dit ?

A ruft dich an, um sich mit dir am Wochenende zu verabreden. Am Samstag bist du bei deinen Großeltern, aber am Sonntag hast du Zeit. A beginnt.

A : *(Am Telefon)* Allô Mehdi/Anna ? C'est Léo/Sophie.

B : Begrüße Léo/Sophie. Frage A, wie es ihm/ihr geht.

A : Ça va bien, et toi ?

B : Sage, dass es dir gut geht.

A : On pourrait aller au cinéma ce week-end et regarder un film, ça te dit ?

B : Sage, dass du am Samstag nicht kannst, weil du zu deinen Großeltern gehst. Sage auch, dass du am Sonntag lieber in den Park gehst.

A : Il y a aussi un festival de hip-hop dans le parc, ce week-end. C'est gratuit !

B : Sage, dass es eine gute Idee ist. Füge hinzu, dass ihr im Park ein Picknick machen und Musik hören könntet.

A : D'accord ! On se retrouve à quelle heure ?

B : Schlage vor, dass ihr euch um 13 Uhr vor dem Park trefft.

A : Ça marche ! À plus !

B : Sage: „Bis später!"

La liste des courses

Du gehst am Samstag mit deinen Freunden picknicken. Du fragst deinen Vater / deine Mutter, was man dafür einkaufen muss. Du beginnst.

A : Papa/Maman, samedi, on fait un [?] avec mes amis. Qu'est-ce qu'il [?] acheter ?

B : …

A : Nous [?] douze.

B : …

A : Et pour faire un  au ▮▮▮ , [?] 'il faut ?

B : …

A : On n'a plus [?] chocolat. Et pour les ▮▮ , je prends du coca.

B : …

A : Oui, parce qu'on fait les 🛒 ensemble !

La liste des courses

Du gehst am Samstag mit deinen Freunden picknicken. Du fragst deinen Vater / deine Mutter, was man dafür einkaufen muss. Du beginnst.

A : Papa/Maman, samedi, on fait un [?] avec mes amis. Qu'est-ce qu'il [?] acheter ?

B : Vous êtes combien ?

A : Nous [?] douze.

B : D'accord. Alors tu peux apporter des boissons, un gâteau et des fruits, par exemple des fraises.

A : Et pour faire un ▮▮ au ▮▮▮ , [?] 'il faut ?

B : Regarde la recette : il faut deux-cent-cinquante grammes de chocolat, des œufs, un paquet de farine et du beurre.

A : On n'a plus [?] chocolat. Et pour les ▮▮ , je prends du coca.

B : Alors il faut acheter deux bouteilles de coca, du chocolat et des fraises. Tu as assez d'argent ?

A : Oui, parce qu'on fait les 🛒 ensemble !

La liste des courses

Dein Sohn / Deine Tochter geht am Samstag mit Freunden picknicken. Er/Sie fragt, was man dafür einkaufen muss. A beginnt.

A : …

B : Vous [?] combien ?

A : …

B : D'accord. Alors tu [?] apporter des ▮▮ , un  et des fruits, par exemple des 🍓 .

A : …

B : Regarde la recette : il [?] 250 grammes de ▮▮▮ , des 🥚 , un 📦 de farine et [?] beurre.

A : …

B : Alors il faut acheter deux 🥤🥤 de coca, [?] chocolat et des fraises. Tu as assez d' 💵 ?

A : …

La liste des courses

Dein Sohn / Deine Tochter geht am Samstag mit Freunden picknicken. Er/Sie fragt, was man dafür einkaufen muss. A beginnt.

A : Papa/Maman, samedi, on fait un pique-nique avec mes amis. Qu'est-ce qu'il faut acheter ?

B : Vous [?] combien ?

A : Nous sommes douze.

B : D'accord. Alors tu [?] apporter des ▮▮ , un ▮▮ et des fruits, par exemple des 🍓 .

A : Et pour faire un gâteau au chocolat, qu'est-ce qu'il faut ?

B : Regarde la recette : il [?] 250 grammes de ▮▮▮ , des 🥚 , un 📦 de farine et [?] beurre.

A : On n'a plus de chocolat. Et pour les boissons, je prends du coca.

B : Alors il faut acheter deux 🥤🥤 de coca, [?] chocolat et des fraises. Tu as assez d' 💵 ?

A : Oui, parce qu'on fait les courses ensemble !

La liste des courses

Du gehst am Samstag mit deinen Freunden picknicken.
Du fragst deinen Vater / deine Mutter, was man dafür
einkaufen muss. Du beginnst.

A : Sprich deinen Vater / deine Mutter an und sage, dass du und
deine Freunde am Samstag ein Picknick macht. Frage, was
man dafür einkaufen muss.

B : ...

A : Sage, dass ihr zu zwölft seid.

B : ...

A : Frage, was man braucht, um einen Schokoladenkuchen zu
machen.

B : ...

A : Sage, dass ihr keine Schokolade mehr habt. Sage, dass du für
die Getränke Cola nimmst.

B : ...

A : Bejahe und begründe es damit, dass ihr zusammen einkaufen
geht.

La liste des courses

Du gehst am Samstag mit deinen Freunden picknicken.
Du fragst deinen Vater / deine Mutter, was man dafür
einkaufen muss. Du beginnst.

A : Sprich deinen Vater / deine Mutter an und sage, dass du und
deine Freunde am Samstag ein
Picknick macht. Frage, was man
dafür einkaufen muss.

B : Vous êtes combien ?

A : Sage, dass ihr zu zwölft seid.

B : D'accord. Alors tu peux apporter
des boissons, un gâteau et des fruits, par exemple des fraises.

A : Frage, was man braucht, um einen Schokoladenkuchen zu
machen.

B : Regarde la recette : il faut deux-cent-cinquante grammes de
chocolat, des œufs, un paquet de farine et du beurre.

A : Sage, dass ihr keine Schokolade mehr habt. Sage, dass du für
die Getränke Cola nimmst.

B : Alors il faut acheter deux bouteilles de coca, du chocolat et
des fraises. Tu as assez d'argent ?

A : Bejahe und begründe es damit, dass ihr zusammen einkaufen
geht.

La liste des courses

Dein Sohn / Deine Tochter geht am Samstag mit Freunden
picknicken. Er/Sie fragt, was man dafür einkaufen muss.
A beginnt.

A : ...

B : Frage A, wie viele sie sind.

A : ...

B : Sage: „Einverstanden." Sage, dass A also Getränke, einen
Kuchen und Früchte, zum Beispiel Erdbeeren, mitbringen
kann.

A : ...

B : Fordere A auf, sich das Rezept anzusehen und
sage, dass man 250 Gramm Schokolade, Eier,
eine Packung Mehl und Butter braucht.

A : ...

B : Sage, dass man dann zwei Flaschen Cola, Schokolade und
Erdbeeren kaufen muss. Frage A, ob er/sie genügend Geld hat.

A : ...

La liste des courses

Dein Sohn / Deine Tochter geht am Samstag mit Freunden
picknicken. Er/Sie fragt, was man dafür einkaufen muss.
A beginnt.

A : Papa/Maman, samedi, on fait un pique-nique avec mes amis.
Qu'est-ce qu'il faut acheter ?

B : Frage A, wie viele sie sind.

A : Nous sommes douze.

B : Sage: „Einverstanden." Sage, dass A also Getränke, einen
Kuchen und Früchte, zum Beispiel Erdbeeren, mitbringen
kann.

A : Et pour faire un gâteau au chocolat, qu'est-ce qu'il faut ?

B : Fordere A auf, sich das Rezept anzusehen und
sage, dass man 250 Gramm Schokolade, Eier,
eine Packung Mehl und Butter braucht.

A : On n'a plus de chocolat. Et pour les boissons,
je prends du coca.

B : Sage, dass man dann zwei Flaschen Cola,
Schokolade und Erdbeeren kaufen muss.
Frage A, ob er/sie genügend Geld hat.

A : Oui, parce qu'on fait les courses ensemble !

Des vacances de rêve

Du rufst deinen Freund / deine Freundin an. Ihr erzählt euch, wie euer Urlaub ist. Du beginnst.

A : 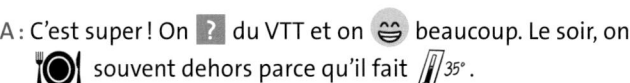 , Nico/Lisa !

B : …

A : ❓ ça va, ❓ Bretagne ?

B : …

A : C'est super ! On ❓ du VTT et on 😄 beaucoup. Le soir, on 🍽 souvent dehors parce qu'il fait 🌡35° .

B : …

A : Demain, on va faire une 🏔 sur un volcan et un pique-nique. J'espère qu'il va faire ☀ ! Et toi ?

B : …

A : C'est cool… ❓ est-ce que tu rentres ❓ Paris ?

B : …

A : Super, je ❓ aussi le 18 août. Alors, à ❓ !

B : …

Des vacances de rêve

Du rufst deinen Freund / deine Freundin an. Ihr erzählt euch, wie euer Urlaub ist. Du beginnst.

A : ❓ , Nico/Lisa !

B : Salut, Paul/Sonia !

A : ❓ ça va, ❓ Bretagne ?

B : Ça va bien. Je passe des vacances de rêve ! Il fait beau et je vais à la plage. Et toi, c'est sympa, en Auvergne ?

A : C'est super ! On ❓ du VTT et on 😄 beaucoup. Le soir, on 🍽 souvent dehors parce qu'il fait 🌡35° .

B : Et qu'est-ce que vous allez faire demain ?

A : Demain, on va faire une 🏔 sur un volcan et un pique-nique. J'espère qu'il va faire ☀ ! Et toi ?

B : Demain, il pleut, alors on va rester à la maison ou visiter un musée.

A : C'est cool… ❓ est-ce que tu rentres ❓ Paris ?

B : Je rentre le dix-huit août. Et toi ?

A : Super, je ❓ aussi le 18 août. Alors, à ❓ !

B : À plus !

Des vacances de rêve

Dein Freund / Deine Freundin ruft dich an. Ihr erzählt euch, wie euer Urlaub ist. A beginnt.

A : …

B : ❓ , Paul/Sonia !

A : …

B : Ça ❓ bien. Je ❓ des vacances de rêve ! Il fait ☀ et je vais à la ⛱ . Et toi, ❓ sympa, ❓ Auvergne ?

A : …

B : Et qu'est-ce que vous ❓ faire demain ?

A : …

B : Demain, il , alors on ❓ rester à la maison ou ❓ un musée.

A : …

B : Je ❓ le 18 août. Et toi ?

A : …

B : ❓ plus !

Des vacances de rêve

Dein Freund / Deine Freundin ruft dich an. Ihr erzählt euch, wie euer Urlaub ist. A beginnt.

A : Salut, Nico/Lisa !

B : ❓ , Paul/Sonia !

A : Comment ça va, en Bretagne ?

B : Ça ❓ bien. Je ❓ des vacances de rêve ! Il fait ☀ et je vais à la ⛱ . Et toi, ❓ sympa, ❓ Auvergne ?

A : C'est super ! On fait du VTT et on rigole beaucoup. Le soir, on mange souvent dehors parce qu'il fait chaud.

B : Et qu'est-ce que vous ❓ faire demain ?

A : Demain, on va faire une balade sur un volcan et un pique-nique. J'espère qu'il va faire beau ! Et toi ?

B : Demain, il , alors on ❓ rester à la maison ou ❓ un musée.

A : C'est cool… Quand est-ce que tu rentres à Paris ?

B : Je ❓ le 18 août. Et toi ?

A : Super, je rentre aussi le dix-huit août. Alors, à plus !

B : ❓ plus !

Des vacances de rêve

Du rufst deinen Freund / deine Freundin an. Ihr erzählt euch, wie euer Urlaub ist. Du beginnst.

A : Begrüße B (Nico/Lisa).

B : …

A : Frage B, wie es in der Bretagne läuft.

B : …

A : Sage, dass es super ist, ihr Mountainbike fahrt und viel lacht. Sage, dass ihr abends oft draußen esst, weil es warm ist.

B : …

A : Sage, dass ihr morgen einen Spaziergang auf einem Vulkan und ein Picknick machen werdet. Füge hinzu, dass du hoffst, dass das Wetter schön wird. Frage B kurz zurück.

B : …

A : Sage, dass es cool ist und frage B, wann er/sie nach Paris zurückkehrt.

B : …

A : Sage, dass es super ist und dass du auch am 18. August zurückkehrst. Füge hinzu: „Dann, bis später!"

B : …

Des vacances de rêve

Du rufst deinen Freund / deine Freundin an. Ihr erzählt euch, wie euer Urlaub ist. Du beginnst.

A : Begrüße B (Nico/Lisa).

B : Salut Paul/Sonia !

A : Frage B, wie es in der Bretagne läuft.

B : Ça va bien. Je passe des vacances de rêve ! Il fait beau et je vais à la plage. Et toi, c'est sympa, en Auvergne ?

A : Sage, dass es super ist, ihr Mountainbike fahrt und viel lacht. Sage, dass ihr abends oft draußen esst, weil es warm ist.

B : Et qu'est-ce que vous allez faire demain ?

A : Sage, dass ihr morgen einen Spaziergang auf einem Vulkan und ein Picknick machen werdet. Füge hinzu, dass du hoffst, dass das Wetter schön wird. Frage B kurz zurück.

B : Demain, il pleut, alors on va rester à la maison ou visiter un musée.

A : Sage, dass es cool ist und frage B, wann er/sie nach Paris zurückkehrt.

B : Je rentre le dix-huit août. Et toi ?

A : Sage, dass es super ist und dass du auch am 18. August zurückkehrst. Füge hinzu: „Dann, bis später!"

B : À plus !

Des vacances de rêve

Dein Freund / Deine Freundin ruft dich an. Ihr erzählt euch, wie euer Urlaub ist. A beginnt.

A : …

B : Begrüße A (Paul/Sonia).

A : …

B : Sage, dass es dir gut geht und dass du Traumferien verbringst. Füge hinzu, dass das Wetter schön ist und dass du an den Strand gehst. Frage A zurück, ob es in der Auvergne nett ist.

A : …

B : Frage A, was sie morgen machen werden.

A : …

B : Sage, dass es morgen regnet und ihr also zu Hause bleiben werdet oder ein Museum besichtigen werdet.

A : …

B : Sage, dass du am 18. August zurückkehrst. Frage A kurz zurück.

A : …

B : Sage: „Bis später!"

Des vacances de rêve

Dein Freund / Deine Freundin ruft dich an. Ihr erzählt euch, wie euer Urlaub ist. A beginnt.

A : Salut Nico/Lisa !

B : Begrüße A (Paul/Sonia).

A : Comment ça va, en Bretagne ?

B : Sage, dass es dir gut geht und dass du Traumferien verbringst. Füge hinzu, dass das Wetter schön ist und dass du an den Strand gehst. Frage A zurück, ob es in der Auvergne nett ist.

A : C'est super ! On fait du VTT et on rigole beaucoup. Le soir, on mange souvent dehors parce qu'il fait chaud.

B : Frage A, was sie morgen machen werden.

A : Demain, on va faire une balade sur un volcan et un pique-nique. J'espère qu'il va faire beau ! Et toi ?

B : Sage, dass es morgen regnet und dass ihr also zu Hause bleiben werdet oder ein Museum besichtigen werdet.

A : Cool… Quand est-ce que tu rentres à Paris ?

B : Sage, dass du am 18. August zurückkehrst. Frage A kurz zurück.

A : Super, je rentre aussi le dix-huit août. Alors, à plus !

B : Sage: „Bis später!"

Unité 1: DIALOGUE 1 Lösungsvorschlag

Tu t'appelles comment ?

A: Auf dem Schulhof triffst du einen neuen Mitschüler / eine neue Mitschülerin (B). Ihr kommt ins Gespräch. Du beginnst.
B: Du bist neu in der Schule. Auf dem Schulhof spricht dich ein Mitschüler / eine Mitschülerin (A) an. A beginnt.

A: Salut ! Tu t'appelles comment ?

B: Salut ! Je m'appelle Max/Marie. Et toi ?

A: Moi, c'est Massimo/Anissa. Tu es d'où ?

B: Je suis de Strasbourg. Et toi ?

A: Je suis de Paris.

B: Tu es aussi en cinquième B ?

A: Non, je suis en cinquième A…
Mais mon ami Karim est en cinquième B. C'est le garçon, là.

B: C'est cool ! Ah, ça sonne !

A: À plus !

B: Au revoir !

Unité 1: DIALOGUE 2 Lösungsvorschlag

Bienvenue dans le quartier !

A: In deiner Klasse ist ein neuer Schüler / eine neue Schülerin, der/die gerade in dein Viertel gezogen ist. Auf dem Rückweg von der Schule zur Metrostation erzählst du ihm/ihr, was es dort alles gibt. Du beginnst.
B: Du bist neu in dem Viertel. Auf dem Rückweg von der Schule zur Metrostation erklärt dir ein Mitschüler / eine Mitschülerin, was es dort alles gibt. Du stellst Fragen. A beginnt.

A: Tu habites où ?

B: J'habite rue de Belleville.

A: C'est cool ! Tu aimes le quartier ?

B: Je ne sais pas. Qu'est-ce qu'il y a dans le quartier ?

A: Il y a un parc pour les fans de nature, un musée et un cinéma.

B: C'est super ! J'aime la nature. Où est le parc ?

A: Le parc est entre le musée et la gare.

B: C'est cool. Ah, voilà le métro. À demain !

A: À demain !

Unité 2: DIALOGUE 1 Lösungsvorschlag

Voilà ma famille !

A: Du bist im Feriencamp und zeigst einem Freund / einer Freundin (B) ein Foto von deiner Familie. Du beginnst.
B: Du bist im Feriencamp und ein Freund / eine Freundin (A) zeigt dir ein Foto von seiner/ihrer Familie. A beginnt.

A: Regarde, ce sont mes parents et mes frères Luc et Victor !

B: Ils ont quel âge, tes frères ?

A: Ils ont huit et dix ans. Et toi, tu as des frères et sœurs ?

B: Oui, j'ai une sœur. Elle habite à Lille chez mon père.

A: Tes parents sont séparés ?

B: Oui, c'est un peu compliqué. Moi, j'habite chez ma mère, à Strasbourg.

A: Oh, c'est loin !

B: Oui, mais pendant les vacances, je suis souvent chez mon père.

A: C'est sympa.

Unité 2: DIALOGUE 2 Lösungsvorschlag

Qu'est-ce que tu fais le week-end ?

A: Es ist Freitagnachmittag. Du unterhältst dich mit einem Schulfreund / einer Schulfreundin (B) über eure Familie und Freizeitaktivitäten am Wochenende. Du beginnst.
B: Es ist Freitagnachmittag. Du unterhältst dich mit einem Schulfreund / einer Schulfreundin (A) über eure Familie und Freizeitaktivitäten am Wochenende. A beginnt.

A: Qu'est-ce que tu fais le week-end ?

B: Le week-end, je suis toujours chez mon père. Il m'énerve un peu, mais parfois, on joue à Minecraft.

A: C'est cool !

B: Oui ! Et toi, qu'est-ce que tu fais ?

A: Le week-end, je regarde des séries avec mes frères et sœurs.

B: Tu as un animal ?

A: Non. Je voudrais un chat, mais mon père a une allergie.

B: C'est dommage ! Mon chien aime le foot. Alors, on joue souvent ensemble !

Unité 3 : DIALOGUE 1 Lösungsvorschlag

Où est mon cahier ?

A : Du suchst dein Französischheft. Deine Schwester / Dein Bruder hat es gesehen und beschreibt dir, wo es liegt. Du beginnst.

B : Deine Schwester / Dein Bruder sucht ihr/sein Französischheft. Du hast es gesehen und beschreibst ihr/ihm, wo es liegt. A beginnt.

A : Je cherche mon cahier de français.

B : Regarde dans le salon.

A : Il est sur la table ?

B : Non, il est sur l'étagère.

A : *(Im Wohnzimmer)* Sur l'étagère, il y a des livres, une plante et des enceintes. Mais où est mon cahier ?

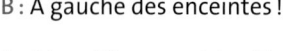

B : À gauche des enceintes !

A : Ah, voilà mon cahier. Merci !

Unité 3 : DIALOGUE 2 Lösungsvorschlag

Les activités

A : Du lernst deine/n neue/n Nachbarin/Nachbarn kennen. Ihr tauscht euch über eure Hobbys aus. Du beginnst.

B : Du lernst deine/n neue/n Nachbarin/Nachbarn kennen. Ihr tauscht euch über eure Hobbys aus. A beginnt.

A : Qu'est-ce que tu aimes faire ?

B : Moi, j'adore le sport. Je fais du foot et du basket. Et toi ?

A : Le sport, ce n'est pas mon truc. Mais j'adore la musique. Je fais de la guitare.

B : C'est cool ! Tu as un groupe préféré ?

A : Non. Mais je suis fan d'Orelsan. J'adore son look !

B : Ah, tu aimes aussi le rap ?

A : Oui ! Alors, on écoute de la musique maintenant ?

Unité 4 : DIALOGUE 1 Lösungsvorschlag

Le correspondant / La correspondante

A : Dein Austauschpartner / Deine Austauschpartnerin begleitet dich heute in die Schule und ist neugierig. Du zeigst ihm/ihr die Schule. Du beginnst.

B : Du begleitest deinen französischen Austauschpartner / deine französische Austauschpartnerin (A) in seine/ihre Schule. A beginnt.

A : Là, à droite, c'est la salle des profs.
B : Ils sont sympa, vos profs ?
A : Ça dépend. J'adore notre prof d'allemand mais je déteste notre prof de maths. Il est très sévère.
B : Où sont les toilettes ?
A : Les toilettes sont en face de la cantine.
B : Et à midi, est-ce que les élèves mangent à la cantine ?
A : Oui, mais il y a trop de bruit et je trouve que les plats ne sont pas toujours bons.
B : Et ça, c'est votre salle de classe ?
A : Non, c'est notre CDI. On va souvent au CDI pour préparer nos exposés.
B : C'est grand ! Vous avez de la chance !

Unité 4 : DIALOGUE 2 Lösungsvorschlag

C'est la rentrée !

A : Heute ist der erste Schultag nach den Sommerferien. In der Pause triffst du einen Freund / eine Freundin wieder. Du sprichst ihn/sie an.

B : Heute ist der erste Schultag nach den Sommerferien. In der Pause triffst du einen Freund / eine Freundin wieder. Er/Sie spricht dich an.

A : Salut, Max/Lisa ! Ça va ?
B : Salut, Paul/Sonia ! Ça va bien. Et toi ?
A : Bof. Mon emploi du temps, c'est un cauchemar. Je commence toujours à huit heures !
B : Ah, c'est nul ! Tu es dans la classe de Louise, en cinquième A ?
A : Non, je suis en cinquième B.
B : Ah, alors tu as Monsieur Lebon en français. Il est comment ?
A : Il est drôle. Mais la prof d'anglais n'explique pas bien et elle donne trop de devoirs.
B : On joue à Minecraft, mercredi après-midi ?
A : Mercredi après-midi, j'ai basket. Mais jeudi, je termine à seize heures quinze.
B : Alors, je passe chez toi jeudi !
A : Ça marche !

Unité 5 : DIALOGUE 1 Lösungsvorschlag

Un film, ça te dit ?

A : Du möchtest dich am Wochenende mit B verabreden und etwas unternehmen. Du rufst B an und beginnst.
B : A ruft dich an, um sich mit dir am Wochenende zu verabreden. Am Samstag bist du bei deinen Großeltern, aber am Sonntag hast du Zeit. A beginnt.

A : *(Am Telefon)* Allô Medhi/Anna ? C'est Léo/Sophie.
B : Salut, Léo/Sophie ! Ça va ?
A : Ça va bien, et toi ?
B : Ça va.
A : On pourrait aller au cinéma ce week-end et regarder un film, ça te dit ?

B : Samedi, je ne peux pas parce que je vais chez mes grands-parents. Et dimanche, je préfère aller au parc.
A : Il y a aussi un festival de hip-hop dans le parc, ce week-end. C'est gratuit !
B : Bonne idée ! On pourrait faire un pique-nique dans le parc et écouter de la musique.
A : D'accord ! On se retrouve à quelle heure ?
B : À treize heures, devant le parc ?
A : Ça marche ! À plus !
B : À plus !

Unité 5 : DIALOGUE 2 Lösungsvorschlag

La liste des courses

A : Du gehst am Samstag mit deinen Freunden picknicken. Du fragst deinen Vater / deine Mutter, was man dafür einkaufen muss. Du beginnst.
B : Dein Sohn / Deine Tochter geht am Samstag mit Freunden picknicken. Er/Sie fragt, was man dafür einkaufen muss. A beginnt.

A : Papa/Maman, samedi, on fait un pique-nique avec mes amis. Qu'est-ce qu'il faut acheter ?

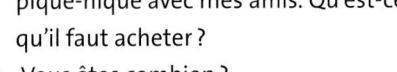

B : Vous êtes combien ?
A : Nous sommes douze.
B : D'accord. Alors tu peux apporter des boissons, un gâteau et des fruits, par exemple des fraises.
A : Et pour faire un gâteau au chocolat, qu'est-ce qu'il faut ?
B : Regarde la recette : il faut deux-cent-cinquante grammes de chocolat, des œufs, un paquet de farine et du beurre.
A : On n'a plus de chocolat. Et pour les boissons, je prends du coca.
B : Alors il faut acheter deux bouteilles de coca, du chocolat et des fraises. Tu as assez d'argent ?
A : Oui, parce qu'on fait les courses ensemble !

Module 6 : DIALOGUE Lösungsvorschlag

Des vacances de rêve

A : Du rufst deinen Freund / deine Freundin an. Ihr erzählt euch, wie euer Urlaub ist. Du beginnst.
B : Dein Freund / Deine Freundin ruft dich an. Ihr erzählt euch, wie euer Urlaub ist. A beginnt.

A : Salut Nico/Lisa !
B : Salut Paul/Sonia !
A : Comment ça va, en Bretagne ?

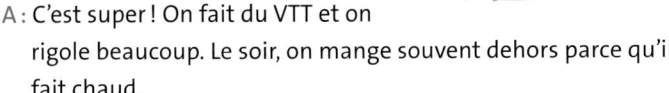

B : Ça va bien. Je passe des vacances de rêve ! Il fait beau et je vais à la plage. Et toi, c'est sympa, en Auvergne ?
A : C'est super ! On fait du VTT et on rigole beaucoup. Le soir, on mange souvent dehors parce qu'il fait chaud.
B : Et qu'est-ce que vous allez faire demain ?
A : Demain, on va faire une balade sur un volcan et un pique-nique. J'espère qu'il va faire beau ! Et toi ?
B : Demain, il pleut, alors on va rester à la maison ou visiter un musée.
A : C'est cool... Quand est-ce que tu rentres à Paris ?
B : Je rentre le dix-huit août. Et toi ?
A : Super, je rentre aussi le dix-huit août. Alors, à plus !
B : À plus !

ÉCRIS TON DIALOGUE   A

ÉCRIS TON DIALOGUE   mit Lösungen   A

ÉCRIS TON DIALOGUE   B

ÉCRIS TON DIALOGUE   mit Lösungen   B

Weiteres Zusatzmaterial für Ihre Schüler/innen

Sprechtraining	Sprechkarten für den Unterricht und die Freiarbeit passend zum Schülerbuch	ISBN 9783061210472
Grammatiktraining	101 Grammatikübungen passend zur Progression des Schülerbuches nach Unité/Volet	ISBN 9783061223083
	Verbentrainer-App alle Verben des ersten Bandes mit allen Verbformen auch zum Anhören	ISBN 9783061223205
Wortschatztraining	Vokabeltaschenbuch alle Vokabeln	ISBN 9783061223069
	Vokabeltrainer-App alle Vokabeln auch zum Anhören	ISBN 9783061223199
	Mein Wortschatztrainer Vokabeln üben nach verschiedenen Aspekten pro Unité/Volet a) thematisch – b) Les mots pour le dire – c) Liste des mots und Kontextsätze	ISBN 9783061223076
Alle Kompetenzen	Cahier de vacances Das Ferienheft zur Wiederholung des Stoffes vom Schülerbuch Band 1	ISBN 9783061223106
	Interaktive Übungen passend zur Progression des Schülerbuches auf 2 Niveaus (Unité/Volet)	ISBN 9783061222987
	Klassenarbeitstrainer Vorbereitung auf die Klassenarbeit mit je 2 Probeklassenarbeiten pro Unité	ISBN 9783061223090